Zhongguo Wenhua
Zhishi Duben

中国文化知识读本

八朝古都南京

主编　金开诚

编著　宋海

吉林出版集团有限责任公司

吉林文史出版社

图书在版编目（CIP）数据

八朝古都南京 / 宋海编著 .—长春：吉林出版集
团有限责任公司：吉林文史出版社，2009.12（2022.1重印）
（中国文化知识读本）
ISBN 978-7-5463-1664-2

Ⅰ . ①八… Ⅱ . ①宋… Ⅲ . ①南京市－概况 Ⅳ .
① K925.31

中国版本图书馆 CIP 数据核字（2009）第 236843 号

八朝古都南京

BACHAO GUDU NANJING

主编/ 金开诚 编著/宋海

项目负责/崔博华 责任编辑/崔博华 曹恒

责任校对/刘姝君 装帧设计/曹恒

出版发行/吉林文史出版社 吉林出版集团有限责任公司

地址/长春市人民大街4646号 邮编/130021

电话/0431-86037503 传真/0431-86037589

印刷/三河市金兆印刷装订有限公司

版次/2009 年 12 月第 1 版 2022 年 1 月第 5 次印刷

开本/ 650mm×960mm 1/16

印张/8 字数/ 30千

书号/ ISBN 978-7-5463-1664-2

定价/ 34.80元

关于《中国文化知识读本》

　　文化是一种社会现象，是人类物质文明和精神文明有机融合的产物；同时又是一种历史现象，是社会的历史沉积。当今世界，随着经济全球化进程的加快，人们也越来越重视本民族的文化。我们只有加强对本民族文化的继承和创新，才能更好地弘扬民族精神，增强民族凝聚力。历史经验告诉我们，任何一个民族要想屹立于世界民族之林，必须具有自尊、自信、自强的民族意识。文化是维系一个民族生存和发展的强大动力。一个民族的存在依赖文化，文化的解体就是一个民族的消亡。

　　随着我国综合国力的日益强大，广大民众对重塑民族自尊心和自豪感的愿望日益迫切。作为民族大家庭中的一员，将源远流长、博大精深的中国文化继承并传播给广大群众，特别是青年一代，是我们出版人义不容辞的责任。

　　《中国文化知识读本》是由吉林出版集团有限责任公司和吉林文史出版社组织国内知名专家学者编写的一套旨在传播中华五千年优秀传统文化，提高全民文化修养的大型知识读本。该书在深入挖掘和整理中华优秀传统文化成果的同时，结合社会发展，注入了时代精神。书中优美生动的文字、简明通俗的语言、图文并茂的形式，把中国文化中的物态文化、制度文化、行为文化、精神文化等知识要点全面展示给读者。点点滴滴的文化知识仿佛繁星，组成了灿烂辉煌的中国文化的天穹。

　　希望本书能为弘扬中华五千年优秀传统文化、增强各民族团结、构建社会主义和谐社会尽一份绵薄之力，也坚信我们的中华民族一定能够早日实现伟大复兴！

目录

一、南京城的地理概况...................................001

二、八朝古都南京的历史沿革.......................007

三、南京城的名胜古迹................................017

四、南京的饮食、民俗和特产....................087

五、南京的文化...107

一、南京城的地理概况

南京栖霞山风光

（一）气候

南京属亚热带季风湿润气候区，雨量充沛，四季分明。春季风和日丽；梅雨时节，阴雨绵绵；夏季炎热，与武汉、重庆并称"三大火炉"；秋天干燥凉爽；冬季寒冷、干燥。南京春秋短、冬夏长，冬夏温差显著，四时各有特色，皆宜旅游，因此就有了"春游牛首烟岚""夏赏钟阜晴云""秋登栖霞胜境""冬观石城霁雪"之说。

(二)地形与山脉

南京大部分为低山丘陵地形，南京市区平面位置南北长、东西窄，呈正南北走向；南北直线距离150公里，中部东西宽50—70公里，南北两端东西宽约 30 公里。南面是低山、岗地、河谷平原、滨湖平原和沿江河地等地形单元构成的地貌综合体。长江从西南方向流入南京，在此折向东进入镇江。秦淮河、滁河分别从南北岸汇入长江。

南京境内分布在长江以南的山体构成宁镇山脉西段，大体呈东西走向分布。由北向南分别是：钟山北支，处于北郊的长江南岸，自东向西分别是栖霞山、南象山、幕府山；钟山中支，包括东郊的紫金山（即钟山）及其在市区的延伸，海拔 448.9 米的主峰头陀岭是南京最高点；钟山南支，

南京幕府山风光

南京城的地理概况

南京紫金山

处于南郊的江宁，自东向西分别是汤山、方山、牛首山等。此外，溧水和高淳境内还分布有茅山山脉的余脉。在长江以北，六合区北部有东平山、冶山，东南部有灵岩山，浦口区分布着老山山脉。"钟山龙蟠，石头虎踞"概括了南京城周边的地势，南京城区起伏不平。紫金山中支的余脉向西延伸，在太平门旁为富贵山，进城为小九华山、北极阁，继续向西连接古长江冲积物堆成的下蜀黄土岗地，将南京城一分为二，形成了秦淮河水系和金川河水系的天然分水岭。在城北绣球公园附近还有狮子山（又名卢龙山），城西有马鞍山，城南有石子岗（又

名玛瑙岗、聚宝山）。四周群山环抱，有紫金山、牛首山、幕府山、栖霞山、汤山、青龙山、黄龙山、方山、祖堂山、云台山、老山、灵岩山、茅山等，另有富贵山、九华山、北极阁山、清凉山、狮子山、鸡笼山等聚散于市内，形成了山多水多丘陵多的地貌特征。

(三)河流与湖泊

南京城内主要河流有长江和秦淮河。长江南京段从江宁铜井镇南开始，至江宁营防乡东为止，境内长约95公里。秦淮河全长103公里，到南京武定门外分为两支：一支为干流，称外秦淮河，绕城经中华门、水西门、定淮门外由

南京莫愁湖

三汊河注入长江；另一支称内秦淮河，由通济门东水关入城，在淮清桥又分为南北两支，南支为"十里秦淮"，经夫子庙文德桥至水西门西水关出城，与干流汇集，北支即古运渎、经内桥至张公桥出涵洞口入干流。南京市北部有滁河，干流全长110公里，河道弯曲，集水面积7900平方公里，南部有淳溧运河和天生桥河。秦淮河与金川河是南京城内的两大水系。紫金山及其横贯南京城的余脉形成了它们的天然分水岭。分水岭南侧的青溪、珍珠河、进香河等汇入内秦淮河，北侧的金川河水系与玄武湖水系相通。市区内除玄武湖外，还有莫愁湖、南湖、紫霞湖、月牙湖（原城东护城河一部）等大小湖泊。

二、八朝古都南京的历史沿革

（一）史前

南京汤山葫芦洞发现的南京猿人头盖骨和相关遗迹表明，南京地区在约 60—100 万年前就有了古人类的活动。约 6000 年前，南京地区出现了原始村落（北阴阳营文化），属于长江下游地区新石器时代文化类型。南京地区的人类早期文化遗存还有点将台文化和湖熟文化等 200 多处。

（二）古代

1. 楚秦王气　春秋战国时期，南京地处"吴头楚尾"，位于"九州"之扬州地域。传说吴王夫差于公元前 495 年在此筑冶城。公元

南京猿人头骨化石

前 472 年，越王勾践灭吴，范蠡在今中华门外秦淮河南岸筑越城，是南京城垣史的发端。公元前 333 年，楚威王熊商灭越，埋金以镇"王气"，并于石头山（今清凉山）筑金陵邑。秦始皇三十七年（前 210 年），金陵邑改为秣陵县。汉初秣陵相继为楚王韩信、吴王刘濞之封地。公元前 128 年，汉武帝封其子刘敢为丹阳侯，刘胥行为胡孰侯，刘缠为秣陵侯。

2. 六朝古都　历史上，南京城以其六朝古都的名声享誉海内外。所谓六朝，指的是三国时的吴、东晋，南朝的宋、齐、梁、陈。

越王勾践青铜剑

八朝古都南京的历史沿革

钟山美景

吴：195年，孙策渡江占据丹阳、江乘、胡孰、秣陵等县。208年前后，诸葛亮出使江东，观察南京山川形胜，作出了"钟山龙蟠，石头虎踞"的著名评语。211年，孙权听从谋士张纮之言，自京口迁秣陵，在金陵邑旧地筑石头城，改名建业。都城周长约11公里，开始了南京的都城史。229年，孙权称帝，是为吴大帝，自武昌迁都建业，是为南京为国都之始。吴石头城遗址在今南京城西草场门至清凉门之间。

西晋：280年，西晋灭吴，改建业为建邺。后因避晋愍帝司马邺之讳，改名建康。琅玡王司马睿南渡后，以建康为根基。西晋经永嘉之乱而亡，中原士族衣冠南渡。建武元年（317年），司马睿以建康为都建立东晋，建康成为华夏正朔所在。

南朝四代：420年东晋灭亡，此后，宋、齐、梁、陈四个朝代相继在建康建都，直至589年被隋所灭。此四朝的开国者和年代分别为：420年，刘裕代晋称帝，为宋武帝，宋立国，定都建康；479年，萧道成代宋称帝，为齐高帝，齐立国，定都建康；502年，萧衍代齐称帝，为梁武帝，梁立国，定都建康；557年，陈霸先代梁称帝，为陈武帝，陈立国。南朝时的建康人文荟萃，相当繁盛，梁武帝时城中人口已超过100万，是南京发展历史上的第一

南京石头城遗址

八朝古都南京的历史沿革

个高峰。然而，爆发于梁武帝太清二年（548年）的"侯景之乱"对建康造成了毁灭性的破坏。589年，隋军灭陈之后，将建康城邑宫苑全部平毁，仅在石头城置蒋州，南京历史上的第一次繁荣到此彻底结束。

吴、东晋、宋、齐、梁、陈合称六朝，故南京被称为六朝古都。今南京图书馆保留有六朝建康城遗址。六朝建康城为当时世界上最大的城市，人口达百万。经济发达、文化繁盛，在江南保存了华夏文化之正朔。

3. 从隋唐至近代唐代，建康故地又逐渐发展起来。唐初在此置江宁郡，后置升州，再后改为金陵府。唐朝灭亡后，十国之一的南唐

建康城遗址

八朝古都南京

（937—975 年）在金陵建都，称江宁府，并修建了城邑。此后的南京城就是在南唐金陵城的基础上逐步扩建而成的。宋朝时，此地置为升州，北宋称江宁府。南宋建炎三年改称建康府，作为宋朝行都，称"东都"，绍兴元年改为留都。南宋时建康府为江南东路首府。元朝时改为集庆路。

1356 年，朱元璋攻克集庆，改集庆路为应天府，作为根据地，朱元璋自称吴国公。1368 年，朱元璋在应天称帝，国号明，是为明太祖。以应天府为南京，以为首都，以开

朱元璋像

封为北京，以为陪都。当年，明军攻入大都，将元朝统治者逐出中原，南京第一次成为一个大一统王朝的京城，迎来了历史上的第二次高峰。1378年，罢北京，改南京为京师。1386年，京师城垣完工。南京是在元代集庆路旧城的基础上扩建而成的。城市由三大部分组成，即旧城区、皇宫区、驻军区。后两者是明初的扩展。环绕这三区修筑了长达33.68公里的砖石城墙，即今南京明城墙，为世界第一大城垣。南京城墙墙基用条石铺砌，墙身用大型城砖垒砌两侧外壁，中实杂土，所用之砖由沿长江各州府的125个县烧制后运抵南京使用，每块砖上都印

有监制官员、窑匠和夫役的姓名，其质量责任制之严格可以想见。城墙沿线共辟13座城门，门上建有城楼。1402年，明太祖四子燕王朱棣经"靖难之役"夺得建文帝帝位。1403年，明成祖升北平为北京，以北京为陪都。1420年底，明成祖迁都北京，以南京为陪都，设有南京六部等机构。1644年，崇祯帝吊死于煤山，北京陷落，福王朱由崧在南京即位，为南明弘光帝。次年，南京被清军攻陷，降为江宁府。

1645年，清兵攻克南京，改南直隶为江南省，改应天府为江宁府。1649年，清设两江总督于江宁。清初，江宁为江南省省府。从康熙六年

南京古城墙砖刻

江苏、安徽分别建省直到清末，江宁是统辖江苏、安徽、江西三省的两江总督驻地，和江苏巡抚驻地苏州同为江苏省省会。同时，在江宁又设立江宁布政使，管辖江宁府和江苏省长江以北的扬州府、淮安府、徐州府、海州直隶州、通州直隶州和海门厅。管辖安徽民政的安徽布政使也曾长期驻扎在江宁。城东明故宫旧址驻扎有八旗军队，设江宁将军管辖。清朝的江宁在经济方面也具有相当的重要性。清廷在此设立了规模庞大的江宁织造厂，生产供皇家需求的丝织品。

三、南京城的名胜古迹

南京中山陵

南京地处长江中下游平原东部苏皖两省交界处，江苏省西南部。南京素有石头城之称。面滔滔江山，枕巍巍钟山，龙盘虎踞，地势险要。春秋战国时期，南京地处"吴头楚尾"，春秋时吴国曾置城于此。三国时东吴自武昌迁都来此，之后三百多年间，东晋、南朝的宋、齐、梁、陈四代皆曾定都于此，故有六朝古都之称。

由于深厚的历史积淀和独特的地理位置，南京城内留下了数不清的自然景观和人文景观，大体说来，以下诸处最为著名：玄武湖、莫愁湖、秦淮河、紫金山、中山陵、明孝陵、灵谷寺、鸡鸣寺、雨花台、梅园新村等。郊外有栖霞山，山中又有六朝石刻、舍利塔等古迹，秋来满山红叶，诗意盎然。

（一）明孝陵

明孝陵位于南京市东郊紫金山南麓的独龙阜玩珠峰下。明孝陵是明代开国皇帝朱元璋和皇后马氏的合葬陵墓。因皇后谥"孝慈"，故名孝陵。它坐落在南京紫金山独龙阜玩珠峰下，东毗中山陵，南临梅花山，是南京最大的帝王陵墓，也是中国古代最大的帝王陵寝之一。2003年7月3号，经联合国教科文组织世界遗产委员会第27届会议决定，入选为世界文化遗产。其周边的常遇春墓、仇成墓、吴良墓、吴桢墓及李文忠墓等五座功臣墓也同时被划入世界遗产保护范围。

南京明孝陵一景

明孝陵景区名胜众多，风光秀丽，位于其正南的赏梅胜地梅花山，花开时节，暗香浮动，游人如织；东侧的紫霞湖、正气亭、定林山庄，林壑幽深；西南的中山植物园，佳卉留芳；东南的海底世界，令人流连忘返。

相传明太祖朱元璋死后，为了防止后人盗墓，曾于同一天从南京13个城门同

南京明孝陵大门

时出殡，而且车马仪仗完全相同，使人难辨真伪。当年陵园内亭阁相接，享殿中烟雾缭绕，松涛林海，鹿鸣其间，气势非凡。

明孝陵的朱红大门坐北朝南，正对梅花山，门额上书"明孝陵"三字。碑亭后原建有两座御亭，西边叫宰牲亭，东边的称具服殿，今均已毁坏，仅存一些石柱和石井栏等。在原享殿的位置上尚可见到64个石柱的基础，由此可以想象当年享殿的规模是很大的。

明孝陵的神道是中国古代帝王陵中唯一不呈直线的神道，它环绕建有三国时孙权陵墓的梅花山形成一个弯曲的形状。由卫岗的下马坊至文武方门的神道长大约2400米。下马坊即孝陵的入口处，是一座二间柱的石牌坊，额枋上刻有"诸司官员下马"六个楷书大字，谒陵的文武官员，到此必须下马步行。沿神道依次有：下马坊、禁约碑、大金门、神功圣德碑碑亭、御桥、石像路、石望柱、武将、文臣、棂星门。过棂星门折向东北，便进入陵园的主体部分。这条正对独龙阜的南北轴线上依次有：金水桥、文武方门、孝陵门、孝陵殿、内红门、方城明楼、宝顶等建筑。

明孝陵地面木结构建筑大多毁于1853

年清军与太平军之战，现仅存下马坊、禁约碑、内红门、碑亭中壁、石像路、方城明楼下部等砖石建筑。明孝陵布局宏伟，规制严谨，陵神道开了弯而且长的先例，并影响了明清两代。

梅花山因三国时东吴君主孙权及其夫人葬此，古称孙陵岗，位于明孝陵正南300米。朱元璋曾说："孙权也是一条好汉，就让他给我守门吧。"故此在建明孝陵时孙权墓没有被破坏，而明孝陵的神道只好绕过孙陵岗，这就是明孝陵的神道不笔直的原因。梅花山遍植猩猩红、骨里红、照水、宫粉、玉蝶等珍品梅花万余株，是南京人踏青赏梅的胜地。山上有观梅轩、博爱阁等景点。岗上建有博爱亭。山上种植各种梅花万余株，每年冬末初春，梅花陆续开放。红蕾碧萼缀满枝头，暗香袭人，沁人心脾，踏青赏梅者络绎不绝，逢节假日更是车水马龙。

由日本福冈县各界人士捐资兴建的江苏——福冈友好樱花园在梅花山东侧，园内筑仿唐式观樱亭一座，石灯两盏，缀置具有日本园林特色的"枯山水"，植8个品种的樱花2500余株，其中数百株树龄已逾30年，为梅花山又添了一处十分迷人的景色。梅花樱花相继开放，更加吸引游人。

南京朝天宫牌坊

（二）朝天宫

朝天宫位于江苏南京市水西门内，是江南规模最大、保存最为完好的一组古建筑，它依山而建，占地面积3万多平方米。朝天宫的历史可上溯到公元前5世纪，在今朝天宫所在的冶山上就曾建筑南京最早的城邑之一——冶城，此后历朝历代均在此地建有名楼佳构，成为名士登临之地。

明洪武十七年(1384年)朝天宫重建,易今名。前有三清殿，后有大通明殿，另有飞霞阁、景阳阁等。清乾隆二十九年（1764年），皇太后发帑重修，为金陵道观之最。咸丰（1851—1861年）中被毁，同治四年（1865年），于旧址改建孔庙，

并迁鸡鸣山江宁府学于此。朝天宫建筑群中央为文庙，东侧为江宁府学遗址，西侧为卞公祠，此外有卞公墓、忠节坊等。朝天宫现为南京市博物馆。

明朝时此处为朝廷举行盛典前练习礼仪的场所，也是官僚子弟袭封和文武官员学习朝见天子的地方。原来的朝天宫毁于太平天国战乱期间。现存朝天宫古建筑群为战乱以后的清同治五年至九年（1866—1870年）间在清前期原址上改建而成，从原来的道教建筑变成了儒家的文庙和江宁府学（原来的江宁府学旧址则改为武庙，民国时期改为考试院，在今日鸡鸣寺附近的南京市政府一带）。朝天宫街区内插建的建筑以江南小式建筑风格为造型主体，融入六朝时期的建筑元素，设有古玩市场。

现在，朝天宫内仍有传统的礼仪表演，共有6场11项程序，即驾幸、进表、传制、进见、乐舞升平、还宫。

南京朝天宫珍藏文物

（三）鼓楼

南京鼓楼始建于明洪武十五年（1382年），清代康熙皇帝南巡曾登临四望，次年，地方官在鼓楼基座上树碑建楼，并更名为

南京鼓楼

"碑楼"，故有"明鼓清碑"之称。

　　南京鼓楼是南京城中心的一座明清建筑，它位于北极阁以西的鼓楼岗上，占地 9100 平方米。在古代是进行击鼓报时、迎王、送妃、接诏等重大仪仗庆典的场所。明亡后，钟楼和鼓楼上层的木建筑均毁，原有的报时设施散失。现存的上层楼台规模较原来为小，是 1684 年由清两江总督王新命在明朝台座的基础上重建的，建有大殿两层，屋顶为歇山顶重檐四落水木结构。南京鼓楼，是明代首都之象征。

　　登楼远眺，全城景物尽收眼底。康熙二十三年（1684 年），康熙第一次南巡，至金陵上钦天山，登观象台，望后湖。接着，顺山径西行，登上鼓楼台座，居高远眺，前瞻钟山，后瞰石城，纵观全城古貌，龙盘虎踞之势尽收眼底，不由心旷神怡。故此，将鼓楼称之为畅观楼。次年，两江总督王新命为首的江南官员，为纪念康熙来南京，特在明代鼓楼台座上建楼、立碑，并将明代鼓楼改称碑楼。因碑刻康熙皇帝初四日在仪凤门外御舟上对江南官员所作的告诫，而称该碑为戒碑，树立于畅观楼的中心。

安放在康熙南巡戒碑两边的一对龙凤亭，相映成辉，古朴典雅，供游人观赏。但对此亭还无确切年代的考证，据有关专家从其工

南京鼓楼鸟瞰

南京灵谷寺宝塔

艺、雕刻水平而论，可能为明末清初巧夺天工之作。位于鼓楼西侧的八角亭，建造精巧，外型美观。此亭建于民国初期，是齐燮元为其母做寿而建，当时称之为"齐氏寿亭"。齐氏寿碑（为龟驮石碑）立于亭东，现已无存。解放后，将寿亭改为乐之亭。乐之，其含义之一是取大钟亭与鼓楼互相呼应之意，现鼓楼东有大钟亭，钟、鼓东西矗立，音响呼应，故采用《诗经》之句"参差荇菜，左右芼之，窈窕淑女，钟鼓乐之"，以钟鼓点题，取"乐之"；含义之二是：亭周围已建儿童游乐场，用"乐之"定名，意在给儿童以快乐。

（四）灵谷寺

灵谷寺在紫金山东麓，是古代钟山 70 多座南朝佛寺中唯一留存至今的寺院，最初在今明孝陵所在地，后因兴建明孝陵而迁至今址。这里松木参天，景色宜人，有"灵谷深松"之称。寺建于明初，当时规模十分宏大，占地 500 亩，还设有鹿苑，养鹿无数。现存寺址仅是明初灵谷寺龙王殿的一部分。

灵谷寺始建于南朝梁天监十三年 (514

南京灵谷寺无梁殿

年），是梁武帝为安葬名僧宝志而建立的寺院。唐朝乾符年间（874—879年），改名为宝公院。宋朝开宝年间（968—975年），更名为开善道场。宋太宗太平兴国四年（979年），宋太宗又题寺额为"太平兴国禅寺"。其后又改为十方禅院、蒋山寺。

明朝建都南京后，选择龙盘虎踞的钟山西麓为皇家陵园，明太祖就把寺庙迁到钟山东南麓。这里"左群山右峻岭，北倚天之叠巘，复穹岑以排空，诸峦布势，若堆螺髻于天边"。寺庙建成后，明太祖赐额"灵谷禅寺"。清康熙四十六年(1707年)，康熙皇帝南巡时，临幸钟山，御赐"灵谷禅林"匾额，并书"天香飘广殿，山气宿空廊"对联赐予禅寺。

现在的灵谷寺是 1928 年至 1935 年在原寺址建成的国民革命军阵亡将士公墓。建国后改名为灵谷公园，但习惯上仍称灵谷寺。

（五）鸡鸣寺

南京鸡鸣寺，又称古鸡鸣寺，位于鸡笼山东麓山阜上，是南京最古老的梵刹之一。鸡鸣寺始建于西晋，清朝康熙年间鸡鸣寺曾进行过两次大修，并改建了山门。康熙皇帝南巡时，曾登临寺院，并为这座古刹题书"古鸡鸣寺"大字匾额。南京鸡鸣寺七层八面的药师佛塔，为 1990 年重新建造，是鸡鸣寺历史上的第五座大佛塔，塔高约

南京鸡鸣寺药师佛塔

"古鸡鸣寺"匾额据说
为康熙御笔

44 米。此塔被称为消灾延寿药师佛塔，含国
泰民安和为香客、游人消灾延寿的祝祷之意。
宝塔南面正门上额题"药师佛塔"四个大字，
系中国佛教协会前会长赵朴初的手迹。

鸡鸣寺所处的地方在三国时期是吴后苑，
晋朝的时候是廷尉属，到南北朝时期，由梁武
帝萧衍于大通元年（527 年）在这里建同泰寺，
为南朝四百八十寺之首刹。同泰寺后毁于侯
景之乱的兵火。这一地区在南吴太祖统治时
建造了台城千佛院，南唐的时候建造净居寺，
后又改名圆寄寺，宋代改为法宝寺。明洪武
二年（1369 年），明太祖朱元璋命拆除庙宇，
在旧址上重建寺院，命名鸡鸣寺。清朝同治

南京城的名胜古迹

南京鸡鸣寺砖雕

年间重修，规模减小，光绪年间又建造了豁蒙楼。民国初期建造了景阳楼，后来寺庙毁于战乱。20世纪80年代鸡鸣寺复建，常住都是女众，寺内建有药师佛塔，供奉着从北京雍和宫移来的药师佛金身。寺内有豁蒙楼，现为餐厅。寺东有一古井，名胭脂井。南朝陈末，隋兵攻进台城时，陈后主与妃子张丽华、孔贵嫔曾在井中避难，后被隋兵发现而为俘虏，故又名辱井。

（六）静海寺遗迹

静海寺遗迹位于南京市挹江门外热河路朝月楼。明永乐九年(1411年)，为表彰郑和下西洋之功，同时供奉郑和带回的佛牙、玉石、药草等珍品，敕建"静海寺"。其规模宏大，有大雄宝殿、天王殿、正佛殿等建筑，占地 2 万多平方米。我国近代史上第一个不平等条约——中英《南京条约》即在此议定，后在英舰"康华丽"号上签订。寺内建筑在 1937 年日军侵占南京期间遭战火，只剩少量僧舍。1990 年修复了主厅、主房、厢房等建筑，并建《南京条约》史料陈列馆。1997 年为庆贺香港回归再次扩建对外开放，并将寺旁原天妃宫内留存的永乐十四年 (1416 年) 御制的天妃宫碑移入寺内保护。天妃宫碑是江苏省文物保护单位，通高 5.9 米、宽 1.5 米、厚 0.52 米，是国内仅存的 3 块记载郑和下西洋的碑刻之一。

南京静海寺牌坊

南京城的名胜古迹

栖霞山凤翔峰风光

静海寺建成之后，因年久蠹坏，曾于明正德、万历、清乾隆年间三次重修。据记载，正德年间重修后，静海寺有四殿、六堂、四亭，还有方丈室、楼、阁、画廊等。明清时静海寺规模宏大，号称"金陵律寺之冠""金陵八大寺之最"。

（七）栖霞山景区

栖霞山位于南京城东北22公里，又名摄山，南朝时山中建有"栖霞精舍"，因此得名。山有三峰，主峰三茅峰海拔286米，卓立天外，又名凤翔峰；东北一山，形若卧龙，名为龙山；西北一山，状如伏虎，名称虎山。栖霞山古迹名胜很多，特别是2000年发现的"东飞天"石窟，

南京栖霞山红叶如火，景色迷人

使它成为蜚声海内外的旅游胜地。栖霞山没有钟山高峻，但清幽怡静风景迷人，而且名胜古迹遍布诸峰，被誉为"金陵第一名秀山"。尤其是深秋的栖霞，枫林如火、漫山红遍，宛如一幅美丽的画卷，素有"春牛首，秋栖霞"之说。山西侧称枫岭，有成片的枫树，深秋的栖霞，红叶如火，登高远望，甚为壮观，景色十分迷人，南京人尤其喜爱举家游览。

栖霞山风景区的第一景是明镜湖，有"彩虹明镜"碑立于湖边，它位于栖霞寺大门西面，面积约3000平方米，是清乾隆年间兴建的，湖中有湖心亭，并有九曲桥与岸相连，造型精巧，向东有月牙池，向前就来到栖霞寺大门。

千佛岩在凤翔峰西南麓，始凿于南齐永明七年（489 年），历经各代凿建，现有佛像700 尊。栖霞飞天壁画在 2000 年进行的考古研究中被发现，为目前千佛岩内唯一发现保存完好的壁画。

闻名遐迩的"东飞天"就在 102 号佛龛中。南齐永明七年 (489 年)，明僧绍之子与智度禅师合作开凿三圣像以纪念明僧绍。梁大同六年 (540 年) 三圣像佛龛上出现佛光，惊动齐梁贵族，于是纷纷前来凿石造像，从南朝齐永明二年至梁天监十年 (484—511 年)逐渐开凿而成。又据传，栖霞寺创建人僧绍曾梦见西岩壁上有如来佛光，于是立志在此

南京栖霞山千佛岩

凿造佛像。他病故后，其子在南齐永明二年(484年)开始与僧智度禅师在西壁上凿佛龛，镌刻了三尊佛像，这三佛合称"西方三圣"，该殿也称"三圣殿"。所有佛像或五六尊一龛，或七八尊一室。佛像最初有515尊，分凿于294个佛龛中，望之如峰房鸽舍，号称千佛崖。

南京栖霞山舍利塔

舍利塔始建于隋仁寿元年(601年)，始为木塔，后毁于唐武宗会昌年间。现存之塔系南唐时高越、林仁肇建造。从栖霞寺南侧围墙外山路向东行不远，就可看到舍利塔，该塔用白石砌成，五层八面，高约18米。塔外壁上刻有浮雕，形象姿态生动传神。

塔基上刻着释迦牟尼出家修道的故事，依次是托胎、诞生、出游、苦行、坐禅、说法、降魔、涅槃。该塔为五级八面密檐式石塔，塔基上浮雕释迦八相图和海石榴、鱼、龙、凤、花卉等图案；塔身刻有高浮雕天王像、普贤骑象图和文殊菩萨像，像上还刻有"匠人徐知谦"等题名。

塔檐下雕飞天、乐天、供养人等像。第二层以上每面都刻两个圆拱形龛，均

南京城的名胜古迹

南京雨花台烈士纪念碑

内雕一尊跏趺坐佛，共计64尊，雕刻精细，甚为生动。全塔造型典雅、秀美，雕刻细腻、精湛、装饰华丽，为佛教艺术在江南的代表作，在中国古代建筑史上占有重要的地位。1988年舍利塔被列为全国重点文物保护单位。

（八）雨花台景区

雨花台景区位于中华门外约一公里处，它是一座以自然山林为依托，以红色旅游为主体，融自然风光和人文景观为一体的全国独具特色的纪念性风景名胜区。

从公元前1147年泰伯到这一带传礼授农算起，雨花台已有三千多年的历史。自公元前472年，越王勾践筑"越城"起，雨花台一带就成为江南登高揽胜之佳地。三国时，因岗上遍布五彩斑斓的石子，又称石子岗、玛瑙岗、聚宝山。南朝梁武帝时期，佛教盛行，有位高僧云光法师在此设坛讲经，僧侣五百余人趺坐聆听，感动上苍，落花如雨，雨花台由此得名。唐朝时根据这一传说将石子岗改名为雨花台。北宋末年，雨花台始有建筑物，至晚清，在遗址上又建云光寺，后毁于兵燹。如今

南京雨花台风景名胜区

复建的雨花阁，阁叠三层，檐卷四重。内厅有巨幅云光法师说法瓷砖画，以追寻雨花台历史源头为内容，内存一尊讲经石座，四周散缀99粒雨花石，营造出云光法师讲经天花乱坠的场景。

清"金陵四十八景"的又一重要景观"木末亭"，位于雨花台东岗之巅，始建于明代。"木末"二字，最早见于屈原的《九歌·湘君》，意为高于树梢之上。以此名亭，谓亭秀出林木也；在雨花台建木末亭，还有另外一层含义，因为在木末亭畔，有泰伯祠、有南宋杨邦乂剖心处，有明代大学

南京城的名胜古迹

士方孝孺墓，有海瑞祠、曹公祠遗址等，"木末风高"有称赞历代志士仁人高风亮节之意。武中奇书写的"木末风高"、赵绪成书写的"金陵胜景"贴金匾额高悬亭中。刘浚川、季伏昆书写的"木末亭"以及言公达、张杰、王福成等挥就的楹联妆扮着古朴的亭台廊柱。台上的隔断木壁西边刻制凌文铨手书六首吟咏木末亭的古诗，东厢缕刻六幅古梅。两侧镶有古石刻。底台十二块石刻线刻清朝"金陵胜景"及"木末亭记"。该亭在复建时设计师还巧妙地将日寇侵占南京时在木末亭原址上修建的钢筋混凝土碉堡包含在内，不仅保留了日寇侵占南京的罪证，而且还成为现在木末亭的仓储之地。

当代书法家萧娴题写的"江南第二泉"

　　雨花台风景区还有一处著名景点为"江南第二泉"，原名雨花泉，泉有二孔，水出地面1米，清冽甘美，色味俱绝，南宋著名爱国诗人陆游到四川任职时途经建康，登雨花台游览，用泉水沏茶，备加赞赏，品为二泉，位列金陵名泉之首。明代赵谦为二泉题匾，"江南"二字为后人所加，现在镌刻在大理石上的"江南第二泉"是当代著名书法家萧娴题写。在江南第二泉上面，是百年老店"二泉茶社"。原茶社为木结构，经白蚁常年侵蚀，已成危房。随着雨花台风景区旅游资源的不断开发利用，为拓展雨花茶的文化特色，2001年，雨花台风景区对二泉茶社实施整体翻修。

梅岗与梅廊是雨花台景区的又一标志性景点。东晋梅岗，又称梅岭岗，东晋初期，胡人压境，都城南迁，豫章太守梅赜带兵抵抗，屯营于此。为了纪念梅赜将军的高风亮节，后人在岗上建梅将军庙，广植梅花，遂称为梅岗。到明清时，这里已形成梅海，与钟山脚下的梅林成为南京东郊、南郊两大赏梅胜地。为重振梅岭雄风，1999 年，雨花台风景区在此复建梅岗，由"访梅亭""问梅阁""寒香轩""曲廊"四部分组成，曲折幽深的长廊与周边的千树梅花相映成趣，成为南京市的重要赏梅之地，中国南京国际梅花节的重要分会场。

雨花台还是历代文人墨客乃至帝王将相吟咏之地，从李白、王安石、陆游、朱元璋、康熙、乾隆到鲁迅、田汉、郭沫若、刘海粟，都留下了吟咏雨花台的优美诗篇。

由于雨花台是南京城南的一处制高点，又成为历代兵家必争之地。东晋豫章太守梅颐曾在此抵抗外族入侵；南宋金兵入侵，抗金名将岳飞在此痛击金兵；此后的太平天国天京保卫战，辛亥革命讨伐清兵，抗日战争时"首都保卫战"，都曾在此掀起

南京雨花台风景区问梅阁

连天烽火，雨花台也因此逐渐荒芜。

（九）玄武湖景区

玄武湖三面环山，一面临城。钟山雄峙湖东，古城濒临西南，富贵、覆舟、鸡笼山屏列于南，秀峰塔景隔城辉映，朝阳、幕府山绵延湖北，山城环抱，沿湖名胜古迹众多。

玄武湖古称桑泊、秣陵湖、后湖、昆明湖等。相传南朝刘宋年间，有黑龙出现，故称玄武湖。北宋时王安石实施新法，废湖为田，从此玄武湖消失。明代朱元璋高筑墙，玄武湖疏浚恢复，成为天然护城河。现玄武湖公园面积 476 公顷，其中 70% 以上面积是水域，环洲、樱洲、梁洲、翠洲、菱洲五块绿岛镶

南京玄武湖风光

南京城的名胜古迹

嵌水中。玄武湖位于南京市东北城墙外，由玄武门和解放门与市区相连。1909年辟为公园，当时称元武湖公园，还曾称五洲公园、后湖等。

（十）金牛湖景区

江苏民歌《好一朵茉莉花》的源头——金牛湖旅游风景区位于南京市六合区东北部，东临扬州，北与安徽省天长市接壤，距区中心18公里，总面积25000亩，享有"南京西湖"之美称。金牛湖四周有金牛山、癫牛山、牛屎山、团山、冶山、尖山群山环抱，湖水碧绿水清如镜、宛如一块碧玉镶嵌在群峰之中，是南京市自然保护区和金陵四十景之一。每当红日初升，湖面浓雾滚滚，云蒸霞蔚，群山忽隐忽现，宛

南京金牛湖风光

如世外桃源、人间仙境。

　　金牛湖风景区一期规划总面积 23.5 平方公里，目前是国家 3A 级旅游区、国家水利风景区、省级森林公园、国家级无公害水产品养繁基地和国家地质公园景点之一、南京市十大风景区之一、金陵新五十五景之一。

（十一）莫愁湖景区

　　莫愁湖景区位于南京城水西门外三山桥西面积 54.32 公顷，其中水面 33.34 公顷，陆地 20.98 公顷。公园内主要景观有莫愁烟柳、荷莲、海棠、胜棋楼、郁金堂、抱

传说莫愁湖因莫愁女投水于此而得名

月楼与粤军墓等。传说莫愁湖因莫愁女投水于此而得名。明初，莫愁湖沿湖畔筑楼台十余座，一时热闹非凡，被誉为"金陵第一名胜""第一名湖"。清乾隆五十八年(1793年)，重修莫愁湖，并以"莫愁烟雨"列为金陵四十八景之首。郑板桥赞叹其景曰："湖柳如烟，湖云似梦，湖浪浓于酒。"同治十年(1871年)直隶总督曾国藩于此筑楼建亭，广植莲荷，荷花成为莫愁湖一大景观。莫愁湖的瑰丽秀色和美妙传说，令文人墨客倾倒，为之留下许多脍炙人口的诗文。1928 年 12 月 14 日，莫愁湖辟为公园。日军侵占南京 8 年，公园一片凋零。1949 年后，南京市人民政府数度整修，莫愁湖景观大变。"怡然莫愁"成为新金陵四十景之一。园内有胜棋楼，为明洪武年间建，复建于清同治十年（1871 年）。为明清风格的二层楼房，青砖小瓦，建筑面积 592.06 平方米。相传胜棋楼为明太祖朱元璋与中山王徐达弈棋之处。徐达棋艺超群，而每与太祖对弈均以失子告负，太祖明知就里而不加责备。一日，二人复来此对弈，太祖示意徐达尽使棋艺以决高低。此局自晨弈至午后胜负未决，太祖连吃徐达二子，自以

南京莫愁湖畔建筑

南京城的名胜古迹

南京莫愁湖胜棋楼

为胜券在握，徐达说：请太祖细看全局，太祖至徐达一侧，见徐以棋子巧布"万岁"二字，至此朱元璋始服徐达棋艺，乘兴将此楼连同莫愁湖赐与徐达，以表彰其建国功勋。1982年，胜棋楼被定为市级文物保护单位。公园西侧粤军烈士墓为江苏省文物保护单位，始建于1912年，孙中山亲自定名，并手书"建国成仁"碑。

（十二）秦淮风光带

秦淮河是中国南京地区除长江以外最大的河流，被视为南京的母亲河，亦被称为"文化之河"。秦淮河全长100多公里，整个流域2600余平方公里，主要支流有16条，流经句容、

溧水、江宁、南京等地。

　　秦淮风光带地处南京城南。内秦淮河由东水关至西水关蜿蜒十里，河房水阁枕河而居，"东园"（白鹭洲公园）"西园"（瞻园）隔河相望，文庙以河为泮，古堡傍河而建，名胜古迹棋布河畔，沿河两岸酒肆茶楼、店铺民宅比邻而居，得美称"十里珠帘"，是欣赏独具魅力的秦淮风光、品尝别具一格的秦淮风味、领略绚丽多姿的秦淮风俗之佳地。夫子庙秦淮风光带位于南京城南，指的是以夫子庙建筑为中心，秦淮河为纽带，东起东水关淮青桥秦淮水亭，越过文德桥，直到中华门城堡延伸至西

南京城的名胜古迹

南京夫子庙景区塑像

水关的内秦淮河地带，包括秦淮河两岸的街巷、民居、附近的古迹和风景点，是南京最繁华的地方。

南京在历史上曾经十一次定都，六朝时代，夫子庙地区已相当繁华，乌衣巷、朱雀街、桃叶渡等处，都是当时高门大族所居。在明代，夫子庙作为国子监科举考场，考生云集，因此这里集中了许多服务行业，有酒楼、茶馆、小吃，青楼妓院也应运而生，"浆声灯影连十里，歌女花船戏浊波""画船萧鼓，昼夜不绝"，描写的就是当时秦淮河上的繁华景象。

由于历史的变迁，十里秦淮昔日繁荣景象早已不复存在。1984年以来国家旅游局和南京市人民政府对秦淮风光带进行了复建和整修，恢复了明末清初江南街市商肆风貌，秦淮河再度成为我国著名的游览胜地。

经过修复的秦淮河风光带，以夫子庙为中心，包括瞻园、夫子庙、白鹭洲、中华门，以及从桃叶渡至镇淮桥一带的秦淮水上游船和沿河楼阁景观，集古迹、园林、画舫、市街、楼阁和民俗民风于一体，还有诱人的秦淮夜市和金陵灯会、民俗名胜、地方风味小吃等，使中外游客为之陶醉。

秦淮河风光带 1990 年入选中国旅游胜地 40 佳之列。秦淮风光带主要包括夫子庙、明远楼、乌衣巷、媚香楼、瞻园等几个景点。

1. 夫子庙

南京夫子庙是供奉和祭祀我国古代著名的大思想家、教育家孔子的庙宇，其全称是"大成至圣先师文宣王庙"，简称"文庙"。孔子自古被人们尊称"孔夫子"，故其庙宇俗称"夫子庙"。现在的夫子庙建筑富有明清风格。它以大成殿为中心，从大照壁至卫山，南北成一条中轴线，左右建筑对称，占地 26300 平方米，建筑古朴，雄伟壮观。

南京夫子庙大成殿

南京城的名胜古迹

南京夫子庙牌坊

夫子庙不仅是明清时期南京的文教中心，同时也是居东南各省之冠的文教建筑群。前面以秦淮河为泮池，南岸有全国最长的照壁。照壁建于明万历三年(1575年)，全长110米，现经过修葺，已重现当年风采。泮池边的石栏为明正德九年(1514年)所建，现也修饰完整。东有奎光阁，西有聚星亭，象征文风昌盛；庙前广场东西两侧立石柱，上书"文武大臣至此下马"，以示对"至圣文宣王"的崇敬之意。

在封建时代，每逢朔、望(农历初一、十五)朝圣和春秋祭典，府县官员、教谕、训导学教官由大成门进，士子走持敬门，不得逾矩。下阶为丹墀，东西并立三碑，东为元至顺二年(1331年)封至圣先师碑，西为四亚圣碑，再西为清康熙修学宫碑记。丹墀左右为两庑，外有走廊通正殿。两庑供奉孔门的七十二贤人牌位。正中为大成殿，外有露台，是春秋祭奠时舞乐之地，三面环以石栏，四角设有紫铜燎炉，燃桐油火炬，祭祀多在午夜子时，光如白昼。殿内正中供奉"大成至圣先师孔子位"，左右配享四亚圣——颜回、曾参、孟轲、孔汲。殿的东边有小门通学宫。孔庙院墙

南京秦淮河畔夫子庙夜景

与学宫之间，东西北三面有宽畅的通道，曾种植几百棵柏树，古木参天，郁郁苍苍。在庙外的文德桥上凭栏眺望，大成殿的黄色琉璃瓦屋顶在绿荫丛中显得金碧辉煌，雄伟壮观。殿后为明德堂，相传匾额为南宋文天祥楷书，后由曾国藩改为篆书。堂后为尊经阁，阁原为教谕讲课讲堂，楼上藏有大量儒教典籍的刻板和诸多圣贤画像。"一带秦淮河洗尽前朝污泥浊水，千年夫子庙辉兼历代古貌新姿。"这是南京夫子庙重建的思乐亭石柱上镌刻的一幅楹联，它把秦淮河的清姿丽质和夫子庙的建设新貌含蓄而充分地展示出来，

南京江南贡院明远楼

给游人以无穷的回味和遐思。

2. 明远楼

明远楼高三层，为四方形，飞檐出甍，四面皆窗，是用以监视应试士子入贡院考试情况的栋宇。明远楼为江南贡院的中心建筑，据《贡院碑刻》所载: 此楼修建于明嘉靖十三年 (1534年) ，虽距今已有 460 多年历史，但仍保存完好，它是我国目前所保留的最古老的一座贡院考场建筑。"明远"二字，取自于《大学》中"慎终追远，明德归厚矣"一句。此楼高三层，底层四面为门，楼上两层四面皆窗，站在楼上可以一览贡院全貌，它在当时起着号令和指挥全考场的作用。此外，每逢中秋佳节，监临、提调、巡察等官员还可登楼赏月，品茗行吟，凭窗眺望那名闻遐迩的秦淮灯火。

江南贡院位于南京城南秦淮河边，毗邻夫子庙，它东接桃叶渡，南抵秦淮河，西邻状元境，北对建康路，是中国古代最大的科举考场。整个贡院呈正方形，内有号舍20644间，每次考试可容纳2万多人。

3. 乌衣巷

在夫子庙文德桥南，三国时孙吴的卫戍部队驻扎于此，因官兵皆身穿黑色军服，所以其驻地被称为乌衣巷。乌衣巷地处秦淮河畔，是六朝有名的商业区和王公贵族的住宅

南京夫子庙乌衣巷

区。东晋时王导、谢安两大家族，都居住在乌衣巷，人称其子弟为"乌衣郎"。入唐后，乌衣巷沦为废墟。今日乌衣巷为民间工艺品的汇集之地，周围布满了各色小吃店铺。

4. 媚香楼

媚香楼是李香君的故居。李香君是名著《桃花扇》中的秦淮名妓，传说实有其人。故媚香楼又叫李香君楼。媚香楼位于南京秦淮河南岸，左牵文德桥，右携来燕桥，南望乌衣巷，北依夫子庙。媚香楼坐落在夫子庙钞库街 38 号，秦淮河畔来燕桥南端，是三进两院式宅院。全院尽现书法、绘画、楹联、篆刻、假山、塑像

媚香楼（现为南京李香君故居陈列馆）

八朝古都南京

和园林小景、石刻砖雕、壁画挂灯等艺术精品，供游人观赏。秦淮河自古就是豪门贵族、官僚士大夫寻欢作乐、醉生梦死的"金粉"之地。唐代诗人杜牧曾经目睹秦淮河的灯红酒绿、笙歌艳舞而写下一首《泊秦淮》："烟笼寒水月笼沙，夜泊秦淮近酒家。商女不知亡国恨，隔江犹唱后庭花。"以感慨晚唐达官贵人的腐朽生活。其实秦淮河边并不只有不知亡国恨的商女，明清时期还有心存民族节气、名扬天下的"秦淮八艳"。这八艳指的是顾横波、董小宛、卞玉京、李香君、寇白门、马湘兰、柳如是、陈圆圆，其中除了马湘兰

南京媚香楼庭院内景

南京城的名胜古迹

南京李香君故居内景

以外，其余的都经历了由明到清改朝换代的大动乱。李香君是秦淮一颗璀璨的明珠，秦淮八艳之一。这位出身秦淮名妓的下层妇女之所以受人仰慕，不在其花容月貌，而在于她有着强烈的正义感、爱国心和高尚的情操，显示出难能可贵的精神。她"出污泥而不染，濯清涟而不妖"，眷怀故国。

5. 瞻园

明初，朱元璋因念功臣徐达"未有宁居"，特给中山王徐达建成了这所府邸花园，清代乾隆皇帝南巡时，题书"瞻园"二字，遂名瞻园。1853年太平天国定都天京后，这里先后为东王杨秀清和夏官丞相赖汉英的王府花园。

　　园内的主体建筑是静妙堂，它一面建在水上，宛如水榭。该堂把全园分成两部分，南小而北大，北寂而南喧，南北各建一假山和水池，以溪水相连，有聚有分，水居山前，隔水望山，相映成趣。瞻园又以石取胜，造景效果与实用功能巧妙结合，"妙境静观殊有味，良游重继又何年"。瞻园虽小，特色独具，发人遐思，是江南名园之一。瞻园布局典雅精致，小巧玲珑，曲折幽深。瞻园素以假山著称，全园面积仅 8 亩，假山就占了 3.7 亩。园中有三座各具风姿的假山，为明代遗物。瞻园位于夫子庙西，是南京现存两座古典园林之一(另一座是天王府中的煦园，建于明初。

后来乾隆南巡时曾驻跸于此）。

（十三）沿江风景带

1. 南京长江大桥

南京长江大桥建成于 1968 年，是长江上第一座由中国自行设计建造的双层式铁路、公路两用桥。公路桥全长 4589 米，宽 19.5 米，铁路桥蜿蜒达 6772 米，是我国桥梁之最。正桥的路栏上，镶嵌着 200 幅浮雕，正桥的两端建有 4 座高 70 米的桥头堡。南北两岸的公路引桥由富有民族特色的双曲拱桥组成，人行道上树立着 150 对玉兰花灯组，洁白雅致。每当夜幕降临，华灯齐放，绵延十余里，"疑是银河落九天"。

2. 燕子矶

燕子矶位于南京郊外的直渎山上，因石峰突兀江上，三面临空，远望若燕子展翅欲飞而得名。它是长江三大名矶之一。直渎山高 40 余米，南连江岸，另三面均被江水围绕，地势十分险要，雄踞于山上的燕子矶是观赏江景的最佳去处。登临矶头，看滚滚长江，浩浩荡荡，一泻千里，蔚为壮观。西面南京长江大桥如彩虹横跨江上，尤其是月夜，皓月当空，江面波光

南京长江大桥一景

粼粼，江帆点点。在燕子矶西南方沿江的悬崖上有若干个石灰岩溶洞，古时游记中称为"岩山十二洞"，其中主要的有头台洞、观音洞、二台洞和三台洞。头台洞距燕子矶约一公里，洞内钟乳石奇形怪状，观音洞与之毗邻，其他诸洞景观亦大同小异。

燕子矶附近有弘济寺、观音阁，寺废阁存。岩山原有12洞，大都是悬崖绝壁被江水冲击而成。现在只有头台洞、二台洞、三台洞比较有名。其中以三台洞最为深广曲折。洞中有观音泉、小有天等名胜；洞右有石梯，可达一线天；再上有石阶百级，飞阁凌空，别开境界。

（十四）白鹭洲公园

南京燕子矶是观赏江景的最佳去处

白鹭洲公园占地约 270 亩，其中水面约 70 亩，原为明中山王徐达的东花园，所以又名徐太傅园、徐中山园、东园。园内以大水面为中心，溪水将全园分为五个景区，尤以白鹭岛和东园故址两景区最为秀丽。白鹭岛上建有白鹭亭，是眺望全园景色绝佳处。它是一个以桥为特色的园林，园内宛如襟带的小桥竟有 15 座之多，其中有典雅玲珑的独孔桥、三孔桥、七孔桥，还有四角重檐的亭桥等。解放前夕，此地已沦为一片废墟。1951 年结合秦淮河整治，挖湖堆山，广植花木，新建了烟雨轩、话雨亭等园林建筑，园容初具规模，1976 年建成开放。重建后的白鹭洲公园，以中国自然山水园为主格调，建筑采用明清江南园林的传统风格，与夫子庙地区明清风格的建筑群互为映衬，相得益彰。近来又建成集惊险、刺激、健身、消暑为一体的水上乐园，为游人提供了新的旅游场所。白鹭洲公园紧邻夫子庙闹市区，是闹中取静的好去处，犹如镶嵌在夫子庙秦淮风光带上的一颗璀璨明珠。

南京白鹭洲公园雕塑

（十五）石头城遗址

石头城遗址位于南京城西干道虎踞路87号，清凉山西侧。公元前333年，楚威王置金陵邑于此，筑城石头山。据传说当年楚王见这一带有王气，所以埋金以镇之，所以该城名为"金陵邑"。当时此城下临长江，地势险要。东汉建安十七年(212年)，孙权改秣陵为建业，在金陵邑故址石头山上修筑石头城，内设石头仓、石头库，以存储军械、粮食等物资。城墙夯土而成，全长"七里一百步"，东有二门，南有一门，西为临江峭壁，无门。该城是长江上著名的要塞，控制着秦淮河入江河口，是建康城的西大门。因此，石头城成为各方势力的必争之地，围绕它曾多次发生战争。石头城南

南京石头城遗址碑刻

建烽火台，为军事重镇。东晋义熙年间，以砖筑城，建"入汉楼"，仍为军事重镇。隋文帝平毁建康城后，石头城失去战略地位，加之长江河道逐渐西移，到唐朝中期已基本废弃。五代十国时，杨吴重建金陵城，但没有重建石头城。唐末再修石头城，依山筑城，因江为池，形势险要，古有"石城虎踞"之称。明洪武十九年(1386年)筑南京古城将其围在城内，今城垣尚存，烽火台、征虏亭遗迹尚可寻。1992年在遗址上建石头城小公园对外开放。

石头城现位于清凉山公园西侧，城头有一块红色砾岩，状如鬼脸，人称"鬼脸城"。相

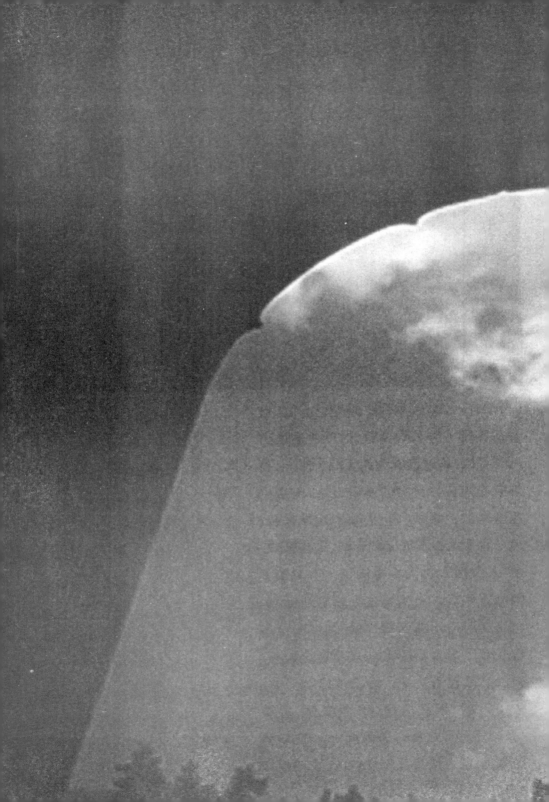

南京城墙外一景

传为古石头城遗物，与城下水塘构成金陵四十八景之一的"鬼脸照镜"。

（十六）南京城墙

南京城墙为明代城墙，它东傍钟山，西据石头，南凭秦淮，北控后湖，周长48千米，现存约21千米。明城墙为明太祖朱元璋听取朱升"高筑墙"的建议建造，建于明太祖洪武七年至十一年（1374—1378年），这是世界上现存最长的城墙，也是中国少有的保存良好的古代城墙，是南京现存最大的古代建筑。

在冷兵器时代，城墙无疑是国家最重要的防御工事。城墙的坚固与否，不只体现着王权的威仪，更直接关系到社稷的安危，所以，历朝历代的最高决策者在筑造城墙时，始终将工程质量视为头等大事，丝毫不敢懈怠。然而，历经沧桑变幻，曾经雄奇伟岸一时的城墙，大多没能经受住岁月的检验，最终湮灭于炮火或风雨中。在中国古代的城墙中，朱元璋亲自监理的南京明城墙，不仅是当时世界上最长的城墙，也是迄今世界上最坚固的城墙之一，历六百多年风雨而未倒，今天依然固若金

南京古城墙

汤。明城墙安若磐石的秘密在于它的修建过程中严格的质量管理。从现代企业管理的角度来看，明城墙堪称卓越质量管理的典范。

南京城初成时共有四重城墙，由外向内分别为外郭（外城）、内城（京城）、皇城和宫城，现在所说的南京城墙指内城城墙。外郭为土筑，原有18座城门，周长约60千米，早已湮没无存，仅余城门的地名流传至今。内城为"土筑砖包"，夯土筑成的城墙外由城砖或条石包砌。内城因地形而建，呈不规则状，突破了以往都城为方形的城制，其周长据现代测量为35.267千米。内城原本开有13座城门，与外郭城门合称"里十三，外十八"。内城在20世纪50年代时仍大体完好，但是在其后20年间遭受严重破坏，现存长度仅为原来的三分之二。内城原有13座城门，历经战火、破坏以及改建之后，现存的明代城门还有聚宝门（中华门）、石城门（汉西门）、神策门（和平门）和清凉门，其中除神策门还保留有清朝时修建的城楼之外，其他城门的城楼都已无存。皇城与宫城现在仅有午朝门、西安门和西华门等少数几处遗迹留存。

1373年6月21日，明朝皇家档案记载明城墙长度为"周一万七百三十四丈二尺"，折合今制为34.349公里；2005年江苏省测绘局与南京市文物局合作利用新测量技术进

南京奉天门遗址

南京城的名胜古迹

南京古城墙基石

行的最新测定显示，明城墙筑造完成时长度为35.267 公里。

南京城墙保存下来的部分大约有 21 千米，仍然是中国城市中最长的城墙。但是由于被分割为不相连接的几段，完整性不及西安城墙。

（十七）珍珠泉

在六朝古都金陵，临扬子江北眺，可见青山隐隐，遥相横卧。明代即蜚声大江南北的"江北第一游观之所"，南京市唯一的省级旅游度假区——南京珍珠泉旅游度假区，就掩映在这群峰叠翠之中。

　　珍珠泉旅游度假区占地 14.8 平方公里，与国家级南京高新技术开发区、南京海峡两岸科技工业园相邻，并与 312、328、104 三条国道相连，地理位置优越，交通十分便捷。奇泉是这里最具特色之处，尤以"珍珠泉"一泉三景的独特景观久负盛名。

　　相传明万历年间，金陵大旱，唯浦口以西一带因得益于珍珠泉水，农作物依然丰收，当地农民居然不知旱情。当时人们认为这是龙王爷的保佑，纷纷捐资兴建龙王阁及其他园林建筑，以表示对龙王的感谢，这就是珍珠泉的由来。

　　进入景区大门，左边不远处就是珍珠泉的泉眼，泉水从石缝中涌出，酷似成串的珍珠，因此得名。泉边石壁上有古人刻下的"万斛明珠"四字。泉眼前是一个水池，远远望去，池中水珠像雨点在水面跳溅，如同晴天细雨，故称晴雨泉。如在此鼓掌或唱歌，则池中水珠又随声音大小而变化，是极为罕见的自然声控喷泉，其状仿佛喜迎宾客，又称"喜客泉"。右边是一大片水域，称镜山湖，现在有竹筏可供游人乘坐，观赏湖光山色。湖右岸是我国珍稀动物扬子鳄养殖场。泉眼后面是定山阁餐厅，餐厅后建有骆驼园、跑马场，供游人观赏、乘

南京珍珠泉景区建筑

八朝古都南京

坐。左边有射箭场和野营服务中心，如在夏日可租帐篷去山坡草地上野餐烧烤，露宿帐中领受大自然风情的沐浴，尽享闲情野趣。

（十八）南唐二陵

中国五代南唐先主李昇及其妻宋氏的钦陵和中主李璟及其妻钟氏的顺陵，位于江苏江宁牛首山南麓。

钦陵全长 21.48 米，分前中后 3 个主室及 10 个侧室。前中室为砖砌，后室为石筑，均为仿木结构，在墓门上和壁面砌凿出柱、枋和斗拱，上有彩绘。后室顶部绘天象，地面刻凿象征地理的河川；进门处上方刻双龙戏珠，门两侧有披甲持剑武士石雕像。若从远处纵观群山，形如一条游龙，祖堂山乃龙首，南唐二陵正位于龙口位置，显然，这是精心选择的皇家风水宝地。

南唐二陵相互毗邻，东依红山，北靠白山，西临山谷，而南面是开阔的山坡地。南唐二陵均系依山为陵，相距约100 米。李昇及其皇后宋氏的合葬陵居东，称为钦陵，建于 943 年。李璟及其皇后

南京南唐二陵碑刻

钦陵

钟氏的合葬陵居西，称为顺陵，建于 961 年。李昇陵因建于南唐国势强盛时，故规模较大，随葬品较丰富；李璟陵则建于南唐国势衰弱时，规模略小，随葬品亦不丰富。南唐建都于金陵（937—975 年），又是五代十国时期南方的一个经济文化相当发达的国家，中主李璟和后主李煜还都是我国文学史上著名的词人，南唐画院亦著称于世，但南唐的遗迹留存者很少，所以这两座地下宫殿的建筑、彩画、雕刻，以及出上的陶俑等遗物弥足珍贵。

（十九）天王府

　　天王府原为朱元璋所建的汉王府，清王朝把这里辟为两江总督署衙门。1853 年 3 月，太平军定都南京，5 月开始在原两江总督衙门的基础上修建天王府。这是天王洪秀全于 1853 年 3 月 29 日进入南京后，为自己修建的一组豪华壮丽的宫殿建筑。洪秀全没有选中位于南京城东部原来明朝的宫殿，而是在城市中部以两江总督衙门为核心向外扩建。新宫殿于 5 月动工，征用数万工匠，日夜赶工，半年建成。新宫殿的地基不仅占用了原来的两江总督衙门、江宁织造衙门等，还拆除了附近不少街道和民房。新宫殿建成不久

南京天王府遗址石碑

南京天王府洪秀全塑像

便发生火灾烧毁，于是 1854 年春重建，规模更大。建成内外两道宫城：外城为太阳城，有钟鼓楼、天父殿、御河、朝房等；内城为金龙城，有金龙殿等三大殿，后宫有七八进，筑有 5 层高楼，是后宫佳丽们的住处。东西两侧都建有富丽堂皇的花园。洪秀全自从搬进天王府后，一直深居简出，极少离开，直到 1864 年 6 月 1 日城破前夕在这里去世。7
月 19 日，湘军攻破天京，太平军放火烧城，
湘军在大肆抢劫后也到处纵火。整个宫殿基
本被焚毁，只剩下少数遗址，如西花园中的
石舫。1870 年，曾国藩又在此重建两江总
督衙门。1912 年初，孙中山的临时大总统
办事处设在西花园。1927 年，蒋介石在此
建立国民政府。现在这里是中国近代史博物
馆。

（二十）中山陵景区

中山陵是伟大的民主革命先行者孙中山
先生的陵墓，坐落在南京市东郊钟山东峰小
茅山的南麓，西邻明孝陵，东毗灵谷寺，整

南京中山陵

南京城的名胜古迹

孙中山先生雕塑

个建筑群依山势而层层上升，气势宏伟。

　　1925 年 3 月 12 日，孙中山在北京因肝癌逝世。逝世前一天下午，他向宋庆龄、汪精卫等人提出："吾死之后，可葬于南京紫金山麓，因南京为临时政府成立之地，所以不可忘辛亥革命也。"早在 1912 年 3 月，孙中山在紫金山打猎时就曾对胡汉民说："等我他日辞世后，愿向国人乞此一抔土，以安置躯壳尔。"

　　中山陵前临苍茫平川，后踞巍峨碧嶂，气象壮丽。中山陵坐北朝南，其中祭堂为仿宫殿式的建筑，建有三道拱门，门楣上刻有"民族、

南京中山陵博爱坊

民权、民生"横额。祭堂内放置孙中山先生大理石坐像，壁上刻有孙中山先生手书《建国大纲》全文。

整个墓区平面如铎形，取"木铎警世"之意。钟顶为山下半月形广场，广场南端的鼎台（现改为孙中山的立像）为钟纽，钟锤就是半球形的墓室。"鼎"在古代是权力的象征，因此整个大钟含有"唤起民众，以建民国"之意。陵坐北朝南，傍山而筑，由南往北沿中轴线逐渐升高，依次为广场、石坊、墓道、陵门、碑亭、祭堂、墓室。整个陵墓用青色的琉璃瓦，青色

南京总统府门前石狮

象征青天，也符合中华民国国旗的颜色——青天白日满地红。青天象征中华民族光明磊落、崇高伟大的人格和志气。青色琉璃瓦含"天下为公"之意，以此来显示孙中山为国为民的博大胸怀。

南京解放后，刘伯承任市长时，特地从湖南运来2万株杉树和梧桐树，种植在这里。30多年来，中山陵园经不断整修拓新，整个园林面积达3000多公顷。陵墓周围，郁郁葱葱，景色优美。

（二十一）总统府

总统府迄今已有600多年的历史。明朝初年曾是归德侯府和汉王府。清朝为江宁织造署、江南总督署、两江总督署。清朝康熙、乾隆皇帝下江南时均以此为"行宫"。1853年3月太平军占领南京，定都天京，洪秀全在此兴建了规模宏大的太平天国天朝宫殿（天王府）。清军攻破南京后，焚毁宫殿建筑，于同治九年（1870年）重建了两江总督署。林则徐、曾国藩、李鸿章、刘坤一、沈葆桢、左宗棠、张之洞、端方等历任两江总督都曾在此任职。

1912年1月1日，孙中山在此宣誓就

南京总统府内景

任中华民国临时大总统，并组建了中华民国临时政府。

（二十二）梅园新村

中国共产党代表团梅园新村纪念馆，位于江苏省南京市城东长江路东端的梅园新村街道两侧，由中共代表团办事处旧址、国共南京谈判史料陈列馆、周恩来铜像、周恩来图书馆等组成，属于近现代历史遗迹及革命纪念建筑物。

梅园新村 30 号是周恩来、邓颖超办公和居住的地方，有 2 层楼房 3 幢，共 18 间，占地面积 431.75 平方米，建筑面积 361.1 平方米。主

南京总统府一景

楼楼下有办公室、会客室、卧室、餐室等，楼上设有机要科等。为防止特务的监视和破坏，中共代表团将院墙加高了一倍，并在传达室和后边西晒台上各加盖了一层小楼。院内的翠柏、石榴、铁枝海棠、葡萄和蔷薇都是当年中共代表团留下的，整个院内依然保持着原来的风貌。

四、南京的饮食、民俗和特产

松鼠鱼

（一）饮食

南京的饮食以京苏菜（金陵菜）和清真菜闻名。金陵菜的四大名菜包括松鼠鱼、蛋烧卖、美人肝、凤尾虾。制作金陵大菜的知名菜馆有绿柳居菜馆、马祥兴菜馆等。

由于南京人嗜食鸭、鹅，南京最受欢迎的食物是以鸭、鹅制作的各种食品，包括桂花盐水鸭、南京板鸭、鸭血粉丝汤、鸭肫干、东山烧鹅等等。南京人饮食的另一特点是各种野菜大受欢迎，包括芦蒿、菊花脑、马兰头、枸杞头、荠菜、马齿苋、鹅儿肠、香椿头（又称为"旱八鲜"）。此外还有所谓"水八鲜"，是指鱼、菱、藕、荬瓜、茨菰、鸡头果、莲蓬、水芹。南京小吃的品种也比较丰富，包括旺鸡蛋、活珠子、鸭血粉丝汤、牛肉粉丝汤、鸭油酥烧饼、开洋干丝、鸡汁回卤干、卤茶鸡蛋、尹氏鸡汁汤包、糯米藕、五香鹌鹑蛋、梅花糕、桂花糖芋苗、豆腐脑、桂花赤豆元宵、凉粉、五香豆等等。南京小吃主要的集中地有夫子庙、狮子桥（在湖南路附近）、甘家大院等，其中夫子庙地区的奇芳阁、魁光阁、蒋有记、永和园、六凤居都是南京小吃的传统名店，制作的特色小吃称为"秦淮八绝"。刘长兴面馆则是南京著名的面馆。百年老字号韩复兴是南京著名的盐水鸭和板鸭店。

凤尾虾

南京的饮食、民俗和特产

盐水鸭

1.盐水鸭 据称盐水鸭已有一千多年的历史。但是按照文字记载，盐水鸭迟至明朝初年方才出名。清朝，盐水鸭已流行于南京城，逐渐成为南京一道名菜。盐水鸭的制作方法分为三道工序：首先，原料用高邮一带出产的湖鸭一只，宰杀后去脚爪、翅尖，在右翅窝下开一口，除去内脏、食管、气管，用花椒和精盐炒热后涂抹全身内外，腌制90分钟。其次放入清卤，继续腌制4小时。最后在锅内放入清水、葱、姜、八角，将鸭头下脚上放入，煮20分钟，将鸭提起一次，如此四次约80分钟后，再盖上盖子，焖烧20分钟，取出后冷却切盘食用。制作盐水鸭要注意所用原料鸭不能过大、过肥。盐水鸭一旦制成后皮白肉嫩、肥而不腻、肉色微红、清香扑鼻。一般以中秋前后制成的为佳，称桂花鸭。清末文人张通之在所著《白门食谱》中解释其名："金陵八月时期，盐水鸭最著名，人人以为肉内有桂花香也。"许多人常常将盐水鸭和板鸭混淆，其实这是一个误解。盐水鸭腌制时间不长，不易长期保存，需要现做现吃。而板鸭则腌制时间长得多，又是生制，故可以长期保存，所以在真空包装技术出现之前，南京之外的旅客多购板鸭，作为土特产带回家。故板鸭之名远扬，而盐水鸭之名不显。

2. 鸭血粉丝汤　鸭血粉丝汤是南京的一种小吃，在当地非常著名。主料是切成小块的鸭血（有时也用猪血代替）和粉丝，其他配料包括豆腐果、虾米、鸭内脏（包括鸭胗、鸭肠、鸭肝等等）、精盐、葱姜丝、味精、香油、香菜等等。制作时一般先将预先备好的配料放入碗中，将粉丝放在专门编制的勺内置于正在加热的汤内煮熟至透明，将粉丝起出与配料放在一起，最后加入特制的汤料。与牛肉粉丝汤类似，鸭血粉丝汤一般都是街头零散的贩卖，在夫子庙等小吃店集中的地方也有兼售鸭血粉丝汤的店铺。有些鸭血粉

鸭血粉丝汤

南京的饮食、民俗和特产

旺鸡蛋

丝汤店铺同时销售汤包、春卷等小吃。鸭血粉丝汤正式问世的时间并不长，应该是近几十年出现的。原来南京人喝鸭血汤，即在清汤里加入鸭血及一些佐料。后经顾客与厨师的创新，将清汤换成高汤，而同时在其配料里面添加了粉丝、鸭内脏与香菜、葱、姜等，这便是现在的鸭血粉丝汤。比较有口碑的小店有"回味""尹氏鸡汁汤包"等。

3. 旺鸡蛋　又名鸡仔蛋、毛鸡蛋、活珠子、毛蛋，江浙一带又称喜蛋，是一种小吃。传统上指将孵化失败的鸡蛋用清水煮熟，剥壳炒熟，蘸精盐食用。其中，活珠子特指经传统工艺孵

状元豆

化发育7天左右的草鸡胚胎,因其发育中的囊胚在透视状态下形如珍珠,故而得名。

4. 状元豆　状元豆是南京夫子庙的特色小吃之一。相传清乾隆年间,居住在城南金沙井旁小巷内的寒士秦大士,因家境贫寒,每天读书到深夜,其母就用黄豆加上红曲米、红枣煮好,用小碗把豆子装好,上面加一颗红枣给他吃,并勉励他好好读书,将来好中状元。后来,秦大士中了状元,此事传开,状元豆便出了名。一些小贩就利用学子的这种心理,在夫子庙贡院附近卖起了状元豆,衬口彩说"吃了状元豆,好中状元郎"。状元豆实际上就是五香豆,和

五香蛋一样，五香豆入口喷香，咸甜软嫩，细细品尝，趣味横生，由于烹制入味，一般色泽呈紫檀色，入口富有弹性，香气浓郁，吃起来让人停不住嘴。

5. 干丝与烧饼　南京人喜食的小吃品类众多。如小笼包子、拉面、薄饼、葱油饼、豆腐涝、汤面饺、菜包、酥油烧饼、甜豆沙包、鸡面干丝、春卷、烧饼、牛肉汤、小笼包饺、压面、蟹黄面、长鱼面、牛肉锅贴、回卤干、卤茶鸡蛋、糖粥藕等。其中，干丝与烧饼是南京人最喜欢的大众化食品之一。市民百姓少它不得，达官显贵也常拿它来调换口味，因此，当年南京的大小菜馆，无不兼营干丝、烧饼。到茶馆去吃东西，都是先上干丝，再吃其他，专卖清茶的茶馆是没有的。

南京干丝

南京干丝有一套独特的制做方法，那些嫩而不老、干而不碎的干丝，均为豆腐店特制而成，切丝细、麻油香、酱油上乘（当地谓之"三伏抽秋"酱油）。原先的南京干丝有素汤素煮和荤油肉丝几种，民国以后，新品种不断增加。在清真寺有烧鸭干丝、开洋干丝等；在荤菜馆有春笋干丝、冬菇干丝、蟹黄干丝、鸡肉干丝等。

既卖干丝，就要兼卖烧饼，当年南京烧

饼以"蟹壳黄"最为叫座。它形如螃蟹，颜色如煮熟的蟹壳。这种烧饼用精白粉作原料，使碱适中，水温一定，揉面细致，馅子考究，入炉火候适当，故而质量不同凡响。

6. 秦淮八绝　旧时形容秦淮河的青楼文化时有一说法叫做"秦淮八艳"。其实在南京的饮食文化中也有一与之相对应的"秦淮八绝"。此"秦淮八绝"指的是南京八家名小吃馆的十六道名点，分别为：

魁光阁的五香茶叶蛋、五香豆。

永和园的蟹壳黄烧饼、开洋干丝。

奇芳阁的鸭油酥烧饼、麻油干丝。

六凤居的葱油饼、豆腐脑儿。

秦淮八绝

南京小吃

奇芳阁的什锦菜包、鸡丝面。

蒋有记的牛肉锅贴、牛肉汤。

瞻园面馆的薄皮包饺、红汤鲍鱼面。

莲湖糕团店的五色小糕、桂花夹心小元宵。

（二）民俗

南京的传统习俗最为著名的有爬城头（踏太平）、食乌饭，跳五猖、长芦龙灯、金陵灯会，白局等。

1.爬城头　老南京人到今天为止，还有着"正月十六爬城头"的习俗。从明代迄今，六百多年代代相传。甘熙曾在《白下锁言》一

南京人有"正月十六爬城头"的习俗

书中写道："岁正月既望，城头游人如蚁，箫鼓爆竹之声。远近相闻，谓之'走百病'，又云'踏太平'。聚宝、三山、石城、通济四门为尤盛。"可见清朝时南京人每逢正月十六爬城头风气甚盛。"游人如蚁"是形容爬城头的人很多。通济门，在七里街一带，早已不存在了。聚宝，即中华门。三山，乃水西门，城门早已拆除。而今南京人爬的城头一是中华门城堡，二是武定门白鹭洲公园一段到东关头，当然，挹江门、台城中山门也可以上去看看。这个风俗习惯之所以流传几百年而不断，乃是有其"科学根据"。正月过大年，家家户户吃得好，正月十六出去走走，有助消化，在城头上走走，运动半天，漫步城头之上总是对人的健康有益的，"走百病""踏太平"也不是凭空而言的。

2. 食乌饭　在南京的传统习俗中，每年农历四月初八，家家都要吃乌饭。为什么要吃乌饭呢？据说从前有个老太太爱吃烤鹅，每次要吃鹅，就在巷子里放上烧红的铁板，巷子两头，一头放碗酱油，一头放碗香醋。把鹅赶进巷子里，烫得鹅两头奔跑，跑到这头吃口酱油，跑到那头吃口香醋，不一会儿就成了烤鹅。老太太死了后，阎王把她打入

每年农历四月初八，家家都要吃乌饭

南京民俗跳五猖

地狱，罚她下油锅，走滑油山。她的儿子就是有名的目连和尚。目连和尚知道妈妈在阴间受苦，常送饭给妈妈吃，但每次送去都被许多小鬼抢光，妈妈根本吃不到。目连到山上采了乌饭草，泡成黑水，煮了饭送去。阴间小鬼一看饭是黑的，不敢吃，母亲这才吃到。

后来人们为了纪念目连这个孝子，"吃乌饭"的习俗就流传了下来。每年四月初八，当地人互相赠送乌饭。如果村里有人去世，初八那天，大家会把乌饭送到死者家里，表示悼念。所以每到四月初，村里的年轻人就到几十里远的馒头山上采集乌饭草，除了自己家烧乌饭用的之外，余下的挑到镇上去卖。

3. 跳五猖 南京民间"跳五猖"具有悠久的历史，它在楚文化的基础上产生并附有傩戏驱邪纳祥的性质。"五猖"人数之多，道具华盖、面具、服饰都以红、蓝、黄、黑、白五色相配，其意分别代表东、南、西、北、中五方天帝，又暗合木、火、金、水、土五行之色。表演时，身着古装的村民按各自角色挑篮、扛旗、敲锣、打鼓，鞭炮齐鸣，一派欢腾景象。出场由5个手持华

盖的壮汉入场站定，接着4名衣着袍服、头戴
面具、步态不一的表演者排成一字上场。他们
分别代表道士、土地爷、和尚、判官等4位为
民请命的当方"地神"。而随后入场的身穿铠甲、
肩插金翎、手持双刀的5位才是真正的主角——
"五猖者"，众多表演者在场上或行、或舞、或趴、
或跃，跳着各种寓意的舞蹈，其中有祈求吉祥
和平的排字"天下太平"等阵式，最多时上场
表演者达100余人。

4. 金陵灯会　金陵灯会亦称秦淮灯会或夫子
庙灯会，是广泛流传于南京地区的一种民间传

统习俗活动。现在指每年春节至元宵节期间南京夫子庙举办的大型灯彩展览会，是中国最著名的灯会活动之一。元宵节是金陵灯会的观灯最高潮。春节观灯是南京的传统习俗之一，南京人有句俗话："过年不到夫子庙观灯，等于没有过年；到夫子庙不买张灯，等于没过好年。"

5. 白局 南京白局又称白曲，白曲原名百曲，起源于六合乡村，是由云锦生产织工在生产过程中的一种说唱演变而来。它以江苏小调为基础，揉进秦淮歌妓弹唱曲调，唱腔丰富多彩。白局表演一般一至两人，多至三五人，说的全是南京方言，唱的是俚曲，通俗易懂、韵味淳朴、生动诙谐、亲切感人，是一种极具浓郁地方特色的说唱艺术。据有关资料载，元曲曲牌中的"南京调"系白局的古腔本调，又称数板或新闻腔，白局有七百多年的历史。中国著名的民歌《茉莉花》原为《鲜花调》《闻鲜花》，就是白局中的一个曲调，已经有 600 多年的历史。

白局表演

（三）特产

南京著名的特产有云锦、雨花石、金

色彩绚丽的云锦

箔、金陵折扇、南京板鸭、盐水鸭 (桂花鸭)、芦蒿和大萝卜等。

1. 云锦　云锦为南京丝织特产，因其绚丽多姿，美如天上云霞而得名。云锦是锦的一种，"锦"是古代丝织物中代表最高技术水平的织物。南京云锦被古人称作"寸锦寸金"，为中国古代三大名锦之一。

云锦有约 1600 年的历史，南京丝织业发端于东吴，东晋义熙十三年 (417 年) 设锦署，被认为是云锦正式诞生的标志。从元代开始，云锦一直为皇家服饰御用贡品。清代设有"江宁织造署"。现设有南京云锦研究所。

2001 年，南京云锦正式申报"人类口头和非物质文化遗产"。

2. 雨花石　雨花石是南京雨花台砾石层出产的各种彩色观赏卵石，特别是玛瑙。广义的雨花石也包括本地区出产的其他具有观赏性的化石、纹理石，如水晶、玉髓和蛋白石等。也有人不论产地，将这类观赏石都称为雨花石。

3. 金箔　人们对黄金的赞美中常常也在无形中体现了黄金的特殊工艺，如："金枝玉叶""金碧辉煌"，所描述的就是黄金工

色彩绚丽的云锦
南京雨花石

艺的一个重要品种——金箔。黄金性质稳定，永久不变色、抗氧化、防潮湿、耐腐蚀、防霉变、防虫咬、防辐射，用黄金制成的金箔具有广泛的用途。古法制金箔是先将金提纯，再经千锤百炼的敲打，制成面积非常小的金叶，然后夹在用煤油熏炼成的乌金纸里，再经6—8小时的手工锤打，使金叶成箔，面积相当于金叶的40倍左右，再裁成方形即成。金箔是中华民族传统的工艺品，源于东晋，成熟于南朝，流行于宋、齐、梁、陈，今南京龙潭地区（江宁）是金箔的发源地。

五、南京的文化

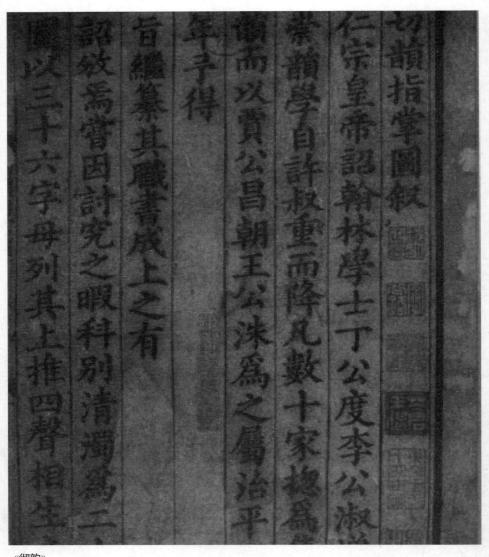

《切韵》

（一）方言

　　南京大部分地区通行的南京话属于江淮官话淮西片，高淳县西部、溧水县南部部分地区的方言则属于吴方言太高小片。南京地区在历史上曾通行吴地语言。晋朝时，衣冠南渡的中原汉族带来的洛阳音和南京本地吴音融合形成了金陵音。中古汉语音系的代表《切韵》就是在金陵和洛下的读书音基础上编订的。

（二）文学

1. 六朝时期　南京是六朝文学的中心。南齐永明八年（409 年），诗人谢朓在《入朝曲》中写下了"江南佳丽地，金陵帝王州，逶迤带绿水，迢递起朱楼"诗句。本诗写金陵帝都的富丽繁华和心系功名的进取精神。昭明太子在此编纂《文选》，刘勰在此写《文心

南京古城墙

雕龙》……一些学者认为，六朝时期的文学传统为南京留下了"古典的金粉，魅惑的色泽，散淡而潇洒，风流而靡弱"的气息，使南京成为今日研究六朝文学的首选之地。

2. 唐宋　南京作为一座荒废的前朝都城，仍旧吸引了众多的诗人墨客流连此地，感叹世间的变化。众诗人中，李白对南京感情尤盛。李白曾寓居各地，在金陵停留的时间最长。李白写南京诗歌近 200 首，题目包含"金陵"的就不下 20 首，其中著名的诗歌有《长干行》《登金陵凤凰台》《金陵酒肆留别》。安史之乱后，李白还建议迁都金陵，写下了《为宋中丞请都金陵表》。金陵怀古诗成为唐朝一大体裁，如

李白曾在南京停留，并留下百余首诗作

八朝古都南京

诗人刘禹锡怀古组诗《金陵五题》中的第二首
诗《乌衣巷》："朱雀桥边野草花，乌衣巷口
夕阳斜。旧时王谢堂前燕，飞入寻常百姓家。"
以及《西塞山怀古》："王浚楼船下益州，金
陵王气黯然收。千寻铁锁沉江底，一片降幡出
石头。人世几回伤往事，山形依旧枕寒流。从
今四海为家日，故垒萧萧芦荻秋。"杜牧的《泊
秦淮》中则有"烟笼寒水月笼沙，夜泊秦淮近
酒家。商女不知亡国恨，隔江犹唱《后庭花》"
的著名诗句。诗人王昌龄也曾在南京担任江宁
丞，有"诗家夫子王江宁"之称。生于南京的
南唐后主李煜是一位著名的词人，被王国维誉

王安石故居半山园

吴敬梓塑像

八朝古都南京

为"一代词宗",写下了诸如"问君能有几多愁,恰似一江春水向东流"等名句。宋代,王安石也曾经长期居留南京,视南京为其故乡,后埋葬在钟山脚下的半山园。

3.清代 清朝初年,吴敬梓定居南京秦淮河畔,又称"秦淮寓客",在南京写下了《儒林外史》,书中对南京的景物和文人的活动有大量细致入微的描写,如"城里一道河,东水关到西水关足有十里,便是秦淮河。水满的时候,画船箫鼓,昼夜不绝。那秦淮到了有月色的时候,越是夜色已深,更有那细吹细唱的船来,凄清委婉,动人心魄。两边河房里住家的女郎,穿了轻纱衣服,头上簪

"金陵十二钗"

了茉莉花，一齐卷起湘帘，凭栏静听。所以灯船鼓声一响，两边帘卷窗开，河房里焚的龙涎、沉香一齐喷出来，和河里的月色烟光合成一片，望着如阆苑仙人，瑶官仙女"。甚至感叹南京街头的贩夫走卒都散发出不可理喻的文化气息（"六朝烟水气"），忙完活，还要"到永宁泉吃一壶水，回来再到雨花台看看日照"。《红楼梦》的作者曹雪芹也是出生在南京，直到雍正六年曹家抄没后才全家迁回北京，而《红楼梦》中的 12 个主要女性角色也命名为"金陵十二钗"。清朝初年孔尚任的著名戏剧《桃花扇》则是以明末清初朝代交替时期的南京为背景，描写复社文人侯方域与秦淮八艳之一、名妓李香君的爱情故事。清代

孔尚任像

曹雪芹塑像

南京的文化

著名文人袁枚也选择定居南京，在城西构筑随园。

（三）艺术

南京是中国绘画、书法的重镇。六朝时有王羲之、顾恺之等书画大家。明末清初，在南京曾经产生过金陵八家——龚贤、樊圻、高岑、邹喆、吴宏、叶欣、胡慥、谢荪；以及金陵九子——董其昌、王时敏、杨龙友等。

20 世纪 20 年代末 30 年代初，吕凤子、徐悲鸿、张大千、颜文梁、吕斯百、陈之佛、高剑父、潘玉良、庞薰琴等画坛名流曾云集南京，其中徐悲鸿、张书旗、柳子谷三人被称为画坛的"金陵三杰"。现代书画界又有 12 位南京知名画家、

王羲之书法作品

也群賢畢至少長咸集此地
有崇山峻領茂林脩竹又有清流激
湍暎帶左右引以為流觴曲
列坐其次雖無絲竹管弦之
盛一觴一詠亦足以暢敘幽情
是日也天朗氣清惠風

"金陵画派"绘画作品

书法家被称为金陵十二家，包括傅抱石、刘海粟、陈之佛、钱松岩、亚明、宋文治、魏紫熙、陈大羽等。20世纪中后期，南京还出现了"新金陵花鸟派"的金陵四杰——李味青、赵良翰、韩少婴、张正吟。

南京的地方戏曲除了上面提到过的白局外，还有高淳的阳腔目连戏等。